Heike Führ wurde 1962 in Mainz geboren, ist verheiratet und hat 2 erwachsene Kinder - seit 3 Jahren lebt Seelenhund Smiley bei ihr und ihrem Mann.

Sie ist seit 1994 an Multiple Sklerose erkrankt und führt zur Information darüber eine Webseite, sowie eine gleichnamige sehr lebendig laufende Facebook-Seite. Sie hat bereits 9 MS-Begleitbücher, 2 Kinderbücher, 3 Rezeptbücher und ein „Glücks-Buch" und ein „Freunschafts-Buch" geschrieben.

Führ ist ausgebildete Erzieherin mit vielen pädagogischen und psychologischen Fort- und Weiterbildungen. Sie belegte auch mehrere Kurse für „Yoga mit Kindern". Diese intensive Zeit und ihr pädagogisches Wissen prägen auch ihr Schreiben.

Sie hat ihre Ernährung auf „Low Carb" umgestellt und kann somit aus eigener Erfahrung berichten.

http://multiple-arts.com/
http://heikef.jimdo.com

Die zweite Leidenschaft der Autorin gilt neben dem Schreiben dem Malen und Zeichnen. Auf Facebook ist sie hier zu finden:

https://www.facebook.com/IMPRESSIONEN.Kunst/?fref=ts

Heike Führ

LOW CARB
für unterwegs
und schnelle Küche

>LOW CARB für unterwegs und schnelle Küche<

© 2016 Heike Führ

Originalausgabe 2016

© 2016 Satz, Layout: Heike Führ

© 2016 Herstellung und Verlag:

BoD – Books on Demand, Norderstedt

ISBN: 9783738617139

Umschlagdesign: www.pixabay.com

Bibliografische Information der Deutschen Nationalbibliothek: Die Deutsche Nationalbibliothek verzeichnet diese Publikation in der Deutschen Nationalbibliografie; detaillierte bibliografische Daten sind im Internet über http://dnb.de abrufbar. Printed in Germany

Inhalt

Vorwort

Liebe Leser,

ich selbst habe mit der Ernährungsumstellung zu LOW CARB (LC) vor circa 2 Jahren begonnen. Meine größte Motivation war Gewicht zu verlieren, damit ich zur Hochzeit meines Sohnes „annehmbar" aussehe.

Schon lange hatte ich mich allerdings mit dem Gedanken rund um LC getragen, da diese Ernährungsform sehr gesund ist und gerade auch für chronisch Kranke empfohlen wird. Ich selbst habe seit 1994 Multiple Sklerose (MS) und wurde mehrfach von Ernährungsberatern auf die entzündungshemmende Ernährungsform LC aufmerksam gemacht. Allerdings war mir eine solche Umstellung anfangs einfach zu viel – dafür hatte ich einfach keine Nerven.

Als ich dann aber die zusätzliche Motivation der bevorstehenden Hochzeit hatte, wanderten meine Gedanken direkt zu LC.

Ich beschäftigte mich intensiv mit dieser Ernährungsform, ließ mich beraten, recherchierte im Internet und kaufte mir Literatur.

Ich bin ganz ehrlich: da ich mich hauptsächlich von Süßigkeiten ernährt hatte und für mein Leben gerne Kohlehydrate aß, war die Umstellung erst einmal nicht einfach.

Ich startete aber tatsächlich einen Tag nach der Verkündung der besagten Hochzeit und habe es konsequent durchgeführt. Was mir von Anfang an auffiel war, dass es nicht mehr „auf die Schnelle" mal eben etwas zu essen gab – da, wo ich vorher schnell mal in ein Muffin gebissen hatte, oder mir ein belegtes Brötchen kaufte, stand ich nun erst einmal hilflos vor meinen Vorratsschränken. Ein Schlüsselerlebnis war, dass ich einen Friseurtermin hatte und merkte, dass ich mir etwas zu Essen mitnehmen müsse. Immer nur in ein großes Stück Käse oder „Salami-Wurst" zu beißen, konnte ja keine Dauerlösung werden. Also suchte ich nach Rezepten, die mir als „LC für unterwegs" sinnvoll erschienen.

Ich möchte vorausschicken, dass ich mich nie mit großartigen ernährungstechnischen „Werten" beschäftigte – das heißt, ich habe nicht verinnerlicht, wie viel Eiweiß ich essen sollte oder nicht und so weiter. Ich wollte locker an die Sache herangehen und habe es gut geschafft. Ich habe innerhalb von 7 Monaten etwa 15 Kilogramm langsam abgenommen (am Anfang ging es deutlich schneller, dann stagnierte es) und habe das Gewicht bis zur Hochzeit gehalten. Danach wollte ich wieder etwas ausschleichen, damit ich auch mal wieder „ungesunde" Lebensmittel wie Pommes frites essen kann und habe nun zwar nochmals etwa 2 Kg zugenommen, aber auch diese halte ich und esse mittlerweile etwas undisziplinierter.

Das heißt also für dieses Büchlein: ich bin kein LC-Experte und ich sehe das Ganze recht locker. Aber ich stehe mitten im Leben und somit ist mir beispielsweise aufgefallen, dass es gewisse Schwierigkeiten im Alltag im Umgang mit LC geben kann.

Deshalb kann ich jedem, der ernsthaft LC betreiben möchte nur empfehlen, sich von Fachkräften beraten zu lassen und sich entsprechende Literatur zu besorgen. Ebenso ist es hilfreich, sich Tabellen mit den entsprechenden Kohlehydraten zu besorgen und diese zu verinnerlichen.

Vorwegnehmen kann ich hier schon einmal, dass es mir seit der LC-Ernährung deutlich besser geht: ich habe weniger krankheitsbedingte Erschöpfungszustände, habe wieder mehr Energie und fühle mich insgesamt vitaler. Die Angst, dass es mir zu viel sein könnte, immer etwas zu backen oder zu kochen/vorzubereiten hat sich nicht bestätigt, da ich durch die hinzugewonnene Energie nun auch mehr Kraft zum Vorbereiten habe.

Ich backe mir mein Brot selbst und da ich immer noch sehr gerne Süßes esse, findet man bei mir IMMER etwas (LC-) Süßes im Haus – selbstgebackene Kekse, Torten, Kuchen, Schoko-Cremes und Vieles mehr.

Das Tolle an LC ist wirklich, dass LOW Carb, aber HIGH Fat (also viele gesunde Fette) tatsächlich funktioniert und sich das Gehirn entsprechend umstellt.

Ich gehe bei meinen Lesern davon aus, dass Sie sich schon mit LC beschäftigt haben und werde deshalb auch nur kurz in einem Kapitel auf diese Ernährungsform eingehen.

Hier geht es um praktische Tipps und Rezepte für unterwegs, die noch dazu sehr einfach umzusetzen sind.

Bei mir kommt seit ein paar Monaten nun noch erschwerend hinzu, dass ich keine Produkte mit Kuhmilch mehr zu mir nehmen darf. Das war anfangs ein großer Schock – denn mein heißgeliebter Käse (auch für den kleinen Hunger zwischendurch) und meine Joghurts, sowie auch Quarkspeisen schienen erst einmal in weite Ferne gerückt, da ich mich kaum mit Schafs- oder Ziegen-Produkten anfreunden wollte. Mittlerweile bin ich aber auch hier im Fluss und habe mich arrangiert. Ich wollte nicht auf meine mir so wohltuende LC-Ernährung verzichten und musste es kombinieren.

LC greift ja häufig auf Quark zurück, da er nur wenige Kohlehydrate (KH) hat. Aber mit etwas Einsatz und Fantasie habe ich diese Hürde ebenfalls gemeistert.

Erwähnen möchte ich noch, dass ich hier NUR laienhaft schildere, wie ICH meine Ernährung gestaltet habe. Ich habe wie eingangs erwähnt, nie akribisch Kohlenhydrate (KH) gezählt, oder auf sonstige ernährungswissenschaftliche Dinge geachtet – das wäre mir viel zu kompliziert geworden. Ich werde hier deshalb auch keine Ernährungspläne aufstellen. Betrachten Sie dieses Büchlein einfach als das, was es ist: ein kleines Rezepte-Buch zur Ergänzung Ihrer LC-Ernährung.

Was ich bereits nach schon 3-4 Wochen LC festgestellt habe, war, dass meine Heißhunger-Attacken verschwanden, dass ich deutlich (!) mehr Energie und Kraft hatte, weniger Erschöpfungs-Anfälle und somit auch mehr Zeit und Kraft zum LC-Backen- und Kochen hatte ☺. Ich esse mittlerweile auch mal eine dickes Eis im Eiscafé, Kuchen oder auch mal ein Stück Baguette – und nehme nicht zu. Was man mir geraten hat, ist eine „Low Carb – high fat" (wenige KH, aber viel FETTE) – Diät zu machen. Das heißt, ich darf viel möglichst gesunde

Fette essen, was mir besonders den Anfang sehr leicht gemacht hat – mal zwischendurch ein dickes Stück Gouda-Käse abschneiden und meine geliebten Süßspeisen durfte ich mir gönnen ☺.

Essen für „unterwegs" kann etwas sein, das man „aus der Hand" essen möchte, oder sich in einem Behälter plus Besteck mitnimmt. Beide Rezept-Varianten sind hier vertreten. ☺
Mit der Zeit wird man auch selbst immer erfinderischer, entdeckt neue Möglichkeiten und findet auch das für sich am Geeignetste heraus. Seien Sie mutig. Viele schnelle Rezepte, wenn mich doch mal der „kleine Hunger" überfällt, entwickele ich neu: auf die Schnelle mal ein Mikrowellen-Cookie oder Pfannkuchen backen – alles LC versteht sich! ☺
Der Fantasie sind keine LC-Grenzen gesetzt! ☺
Und probieren Sie aus, welche Zutaten Sie austauschen können: Haben Sie ein Torten-Lieblingsrezept? Dann überlegen Sie einfach, wie Sie es in LC umwandeln können. Wichtig ist beim Umwandeln, dass man einem LC-Backrezept immer noch sogenannten „Weizenkleber" beifügt, damit es dem Original-Rezept auch am ehesten nachkommt.

Und noch ein ehrlicher Hinweis: ich habe die Rezepte alle selbst zubereitet, ausprobiert und verfeinert – aber ein LC-Brötchen wird selten an den Biss und Geschmack eines Weizen/Roggen-Brötchens herankommen. Trotzdem ist es eine tolle Alternative. Beim Brot wiederum bin ich mit dem LC-Ersatz sehr zufrieden.

Des Weiteren möchte ich noch erwähnen, dass ich hier auf große Anleitung zum Kochen verzichte, da ich davon ausgehe, dass mein Büchlein nicht von absoluten „Koch-Anfängern" gelesen wird. Dass man ein Backblech und eine Kuchenform entweder einfettet oder mit Backpapier auslegt, ist sicherlich selbstverständlich. ☺
Nun viel Freude beim Stöbern und Ausprobieren!

Was ist LOW CARB?

Grundregeln:

Alle Kohlenhydratangaben auf den Speisen beachten: alles, was UNTER 10 g KH bei 100 g Speise ist, IST LC! Das macht das Einkaufen erst einmal einfach. Ich habe mir ein Büchlein gekauft, in dem von tausenden Speisen die Nährwertangaben enthalten sind und habe diese studiert und mir herausgeschrieben, was für mich in Frage kommt.

An Stelle von Zucker verwende ich XUCKER (im Internet erhältlich). Er schmeckt wie Zucker und sieht aus wie Zucker. Stevia schmeckt mir nicht und die üblichen zuckerfreien Süßungsmittel sind nicht wirklich gesund! Ich benutze sie aber aus Kostengründen trotzdem ab und an, denn 1 KG Xucker kostet um die 10 Euro!

Naschen zwischendurch: süße Mandeln (man bekommt sie in jedem Lebensmittelgeschäft – sie benutzt man sonst auch zum Backen). Ich habe immer ein Schälchen mit Mandeln in Griffweite stehen. (10 Stück Mandeln haben gerade 1 KH). Ideal für den Hunger zwischendurch, oder abends zum Knabbern. Ich habe auch immer welche in meiner Handtasche parat, da ich bedingt durch die MS plötzlich Hunger bekommen kann, die sofort gestillt werden müssen, da sonst eine Fatigue folgen könnte. Sich dann unterwegs mal schnell eine Brezel oder ein Brötchen zu kaufen, wäre sehr kontraproduktiv – also habe ich Mandeln als Lösung gefunden. ☺
Baiser: Ich liebe Baiser in allen möglichen Formen. Und wenn man diesen mit Xucker herstellt, hat man die perfekte Süßigkeit für Naschkatzen.

Eis: nichts einfacher als das: ich habe mir Eisförmchen gekauft: es gibt unzählige Möglichkeiten LC-Eis herzustellen: z.b. Früchte pürieren, mit Süßstoff und Joghurt mischen, in die Eisförmchen füllen, einfrieren – fertig!

Salat und einige Obstsorten: Aufpassen!!! - sehr viele versteckte Zucker in den Früchten. Gut sind vorwiegend Beeren, wie Himbeeren, Erdbeeren und so weiter. Diese sind KH-arm und eignen sich auch einmal für zwischendurch.

Eiweiß/Protein (pulverisiert) bei LC ein Alleskönner. Man bekommt dies in Drogeriemärkten und im Internet. Mit der Zeit wird man Fachmann/Frau für die unterschiedlichen Anbieter und LC-Shops.

Abkürzungen:

LC = Low Carb
KH = Kohlenhydrate
g   = Gramm
Min. = Minuten
TL = Teelöffel
EL = Esslöffel
ml = Milliliter

Tipps:

- bei Kuhmilch Unverträglichkeit – Lactose freie Produkte oder
  Schafs- und Ziegen-Produkte
  - als Frischkäse „ Skyr"
- Mandeln zwischen durch
- Nahrungsmittel für LC: Xucker, Mandelmehl (Kokos - oder
  Leinsammehl und Viele mehr)
- Kokosöl verwenden

TIPP:
Alle Kuchen und Muffins können jeweils noch mit Sahne und LC-
Cremes gefüllt, oder mit einem Topping versehen werden.

Zwischendurch geht immer mal ein Stück Käse, Wurst, Oliven,
Mandeln, Erdnüsse in Maßen oder auch LC-Gebäck.

Mit zuckerfreiem Sirup kann man sich Pancakes, Jo-
ghurt/Quarkspeisen oder auch den Kaffee versüßen. Ein Sahnehäubchen kann ebenfalls eine Süßspeise abrunden.

Für mich hat sich als äußerst praktisch erwiesen, dass ich oft die
doppelte Menge an Brot/Brötchen oder auch Kuchen backe und die
Restmenge einfriere. Das spart an hektischen Tagen Zeit und Nerven.

Stöbern Sie mal im Internet – es gibt viele tolle LC-Webpages mit
leckeren Ideen und Rezepten☺.

BROT und Brötchen

Baguette-Brötchen

Zutaten:

1 Eiweiß (getrennt geschlagen)

Dann getrennt zubereiten und mischen:
80 g Mandelmehl
2 TL Backpulver
30 g Flohsamenschalen
2 TL Salz
120 g kochendes Wasser

- Alle Zutaten mischen und Teig 10 Minuten quellen lassen. Dann kleine Brötchen formen und auf ein mit Backpapier ausgelegtes Backblech legen.
- 180°C, 45 Minuten backen

Eiweiß-Pulver-Brötchen

Zutaten:

3 Eier
90 g flüssige Butter
250 g Quark
100 g Eiweiß-Pulver
1 Päckchen Backpulver
Salz
Evtl. Körner und Leinsamen zum Untermischen

Zubereitung:

- Eier schaumig rühren
- Alle weiteren Zutaten hinzugeben und weiter verrühren

- Entweder den Teig in Muffin-Förmchen geben oder kleine Häufchen auf das Backblech setzen

- Umluft-Ofen 200°C, circa 15 Minuten backen

QUARK-Brötchen süß oder herzhaft

Zutaten für die **süßen Brötchen:**

2 Eier
300 g Quark
50 g Leinsamen
80 g gemahlene Mandeln
2 TL Backpulver
Süße nach Wahl
Nach Belieben: Zimt, Mandelsplitter, LC-Schoko-Drops, Kokosflocken und Vieles mehr beimischen

Zutaten für die herzhaften Brötchen:

2 Eier
100 g Quark
200 g Kräuterfrischkäse
50 g Leinsamen
100 g gemahlene Mandeln
2 TL Backpulver
Würze nach Wahl: Pizzagewürz, Salz/Pfeffer
Käse- und Speckwürfel, Oliven und Beliebiges hinzufügen

Zubereitung:
- Alles mischen und dann als Brötchen geformt aufs Backblech setzen

- Umluft-Ofen 175°C, circa 20-25 Minuten backen

Kürbiskern-Brötchen

<u>Zutaten:</u>

4 Eier
1 Packung Quark
30 g Eiweißpulver neutral
30 g Kokosmehl
30 g Leinsamen, geschrotet
50 g Haferkleie
30 g Flohsamenschalen
1 TL Guarkernmehl
2 TL Backpulver
40 g Kürbiskerne
1 gehäuften TL Salz (nach Belieben noch andere Gewürze hinzufügen)

<u>Zubereitung:</u>

- Eier schaumig rühren
- Quark hinzufügen
- Alle trockenen Zutaten mischen und nach und nach unter mischen

- Umluft-Ofen 200°C
- Ca. 30 Minuten backen

Eiweißbrot

<u>Zutaten:</u>

4 Eier
300 g Quark
50 g Mandelmehl
125 g Leinsamen (geschrotet)
20 g gemischte Körner
80 g Weizenkleber
1 Päckchen Backpulver
Salz und Gewürze (z.B. Brotgewürz, Pizzagewürz, Muskat…)

<u>Zubereitung:</u>

- Eier schaumig rühren
- Quark hinzufügen und nochmals verquirlen
- Alle tockenen zutaten vermengen und dazu fügen und verrühren

- In eine Kasetnform füllen und evtl. nochmals mit Körnern bestreuen.

- Umluft-Ofen 175°C
- Ca. 50 Minuten

Ich bewahre das Brot im Kühlschrank auf.

Kürbiskern-BROT

Zutaten:

4 Eier
100 g Leinsamen
55 g gemahlene Mandeln
1 P. Backpulver
4-5 EL Kürbiskerne
1 TL Salz
3-4 EL heißes Wasser

Zubereitung:

- Eier schaumig rühren
- 3 EL Kürbiskerne hinzufügen
- Alle weiteren Zutaten hinzufügen und gut verrühren

- Teig in eine Kastenform füllen und mit 1-2 EL Kürbiskernen bestreuen

- Umluft-Ofen 20
- 35-40 Minuten

HERZHAFTES

„Oopsies" = Burger-Brötchen

Zutaten:

3 Eier
100 g Frischkäse
Etwas Salz
Etwas Sesam

<u>Zubereitung:</u>

- Eier trennen
- Das Eigelb mit dem Frischkäse und Salz vermengen.
- Das Eiweiß steif schlagen und unter die Masse heben.

- Die Masse in 6 Haufen auf ein mit Backpapier ausgelegtes Backblech geben.
- Nach Belieben die Burger-Brötchen mit Sesam bestreuen.

- Umluft-Ofen 150 °C
- Circa 25 Minuten backen.

Man benötigt für einen Burger 2 Brötchen - Ober- und Unterseite.

Belag nach Wahl. ☺

Käse-Muffins

Zutaten:

2 Eier
200 g geriebenen Käse
2 TL Frischkäse
80 g Schinken-Würfel
Salz

Zubereitung:

- Alle Zutaten mischen und in Muffin-Förmchen füllen.
- Bei 170°C ca. 20 Minuten backen.

Lachs-Spinatrolle

Zutaten (für 4 Personen)

2 Eier
200 g geräucherter Lachs
200 g Frischkäse
200 g geriebenen Gouda oder einen anderen Käse
1 Packung Rahmspinat / gefroren
Salz
Pfeffer

Zubereitung:

- Die Eier verquirlen und den aufgetauten Spinat hinzugeben und nochmals verrühren. Mit Pfeffer und Salz abschmecken.
- Die Masse nun auf ein mit Backpapier ausgelegtes Backblech geben.
- Den geriebenen Gouda drüberstreuen.

- 10 bis 15 Minuten bei 200°C in den Ofen. (Die Eier-Spinatmasse ist dann fertig, wenn sich der Käse goldbraun verfärbt).
- Nun abwarten, bis die Masse komplett ausgekühlt ist und den Frischkäse darüber streichen. Darauf wird dann der geräucherten Lachs verteilt.
- Dies wird zu einer festen Rolle geformt. Man wickelt sie daraufhin in Alufolie und stellt sie circa 8 Stunden im Kühlschrank kalt. Wenn sie kalt und fest geworden ist, wird die Rolle in gleichmäßige Scheiben geschnitten.

- So kann man die in (auch dickere) Scheiben geschnittene Rolle prima als Essen für zwischendurch einpacken und aus der Hand essen)

Muffin mit Oliven und Fetakäse

Zutaten:

2 Tassen Mandelmehl
3 EL Backpulver
1 EL Flohsamenschalen
50 g Butter
1 Ei
100 g Feta
1 Tasse Milch
1 Tasse zerkleinerte, entsteinte Oliven
1 TL Rosmarin und Oregano

Zubereitung:

- Mehl vermengen mit dem Backpulver und in die Mitte eine Mulde formen. Butter schmelzen lassen und mit Ei verrühren. Käse in 1 cm große Würfel schneiden. Jetzt alle Zutaten zum Mehl geben und vorsichtig verrühren. (mit einem Kochlöffel)

- 190 Grad 20-25 Min. backen

Muffin mit Basilikum und Tomate

Zutaten:

2 Tassen Mandelmehl
3 EL Backpulver
1 EL Flohsamenschalen
1/2 TL Salz
1 TL Xucker
1/4 Tasse getrocknete Tomaten - klein geschnitten
2 Eier
1 Tasse Milch
2 EL frischen Basilikum
3 EL Öl

Zubereitung:

- Backpulver zum Mehl hinzufügen, Xucker dazugeben und in die Mitte eine Mulde formen. Eier mit der Milch und mit dem Öl verrühren und zum Mehl geben. Tomaten und das Basilikumdazugeben und vorsichtig unterrühren.
- 190 Grad 20-25 Min.

Nach Belieben kann man auch noch Streukäse dazu mischen, oder mit diesem überbacken.

Schüttel-Pizza

<u>Zutaten:</u>

2 Eier
1 rote, 1 gelbe Paprika
Lauchzwiebeln(Zwiebeln)
100 gekochter Schinken
100 Salami
200 g geriebener Käse
125 ml Milch
150 g Mandelmehl
Salz, Pfeffer, Pizzagewürz

<u>Zubereitung:</u>

(Die Zutaten kann man natürlich je nach Geschmack abwandeln.)

-   Eier in einer großen Schüssel aufschlagen
-   Mehl, Milch, Gewürze dazugeben
-   Die Belag-Zutaten vermengen
-   Die Eiermischung unter die Belag-Mischung geben, gut durchschütteln (Deckel) und alles in eine Springform füllen
-   Für ein Blech die Zutaten einfach verdoppeln
-   Bei 180 Grad mittlere Schiene, 30 Minuten backen

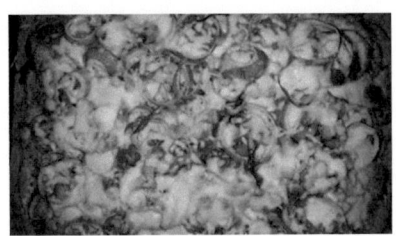

Spiegelei in Muffin-Förmchen

Zutaten:

Pro Förmchen ein Ei
Pro Förmchen eine Scheibe geräuchertem Schinken
Gewürze
Eventuell Käse darüber streuen

Zubereitung:

- Muffin-Form mit geräuchertem Schinken auskleiden
- Dann ein Ei hinein schlagen

- In den Ofen stellen: bei 210 Grad Umluft
- Circa 18 Minuten

(Sollte es oben noch flüssig sein, gerne noch einmal 5 Minuten backen und/oder mit etwas Käse überbacken)

Rührei in Muffin-Förmchen

<u>Zutaten:</u>

Pro Förmchen ein Ei
Zutaten nach Wahl: Schinken, Käse, Tomaten, Zwiebeln, Oliven….
Salz/Pfeffer

<u>Zubereitung:</u>

-   Alle Zutaten mischen und in die Muffin-Förmchen füllen

-   Bei 210 Grad in den Umluft-Ofen

-   Circa 18 Minuten backen.

Käse-Wrap

Für 1 Wrap:

Zutaten:

4 Scheiben Käse
Füllung nach Wahl (z.B. Salatblatt, Tomate, Mayonnaise, Wurst, Ei)

Zubereitung:

- Käse als Viereck auf ein mit Backpapier belegtes Backblech so legen, dass sich die Scheiben etwas überlappen.
- Das Blech in den Ofen schieben
- Bei 190 Grad ca. 10 Minuten backen.
  (Evtl. noch einmal umdrehen)

Wenn er fertig ist, herausnehmen, nur etwas abkühlen lassen und mit Belag nach Wahl zur Hälfte belegen und dann einfach die andere Seite des Käses drüber klappen.

Pfannen-Pizza

Zutaten:

Boden:
4 Eier
100 g gemahlene Mandeln
Einen Schuss Mandelmilch oder Sahne
Salz und Gewürze nach Wahl

Belag:
Tomatensauce
Nach Belieben: Schinken, Salami, Käse, Oliven, Zwiebeln …

Zubereitung:

Boden:
- Alle Zutaten mischen und mit etwas Fett in der Pfanne backen
- Sobald der Rand goldbraun knusprig wird: wenden

Belag:
- In der Zwischenzeit alle Zutaten für den Belag klein schneiden und mischen
- Zutaten auf den gewendeten Boden streichen und noch eine Weile zusammen ziehen lassen (Evtl. Deckel auf die Pfanne).

Pfannkuchen herzhaft

Zutaten:

5 Eiweiß
2 Eigelbe
80 g Kräuterfrischkäse
50 g gemahlene Mandeln
2 EL Kräuter nach Wahl
100 ml Mandelmilch oder Sahne
Rapsöl oder Olivenöl
100 g Parmesan, gerieben
Salz, Pfeffer

Zubereitung:

- Alle Zutaten in einer Schüssel gut verrühren, nach Bedarf mit Salz und Pfeffer abschmecken
- In einer Pfanne daraus dünne Pfannkuchen backen.

Füllen nach Wahl.

LC-Cracker

Zutaten:

1 Ei
65 g sehr weiche Butter
60 g Kokosmehl
80 g Mandelmehl
Etwas Salz
Gewürze nach Wahl (z.B. Chili, Kräuter, Zwiebel usw.)
Käse oder Schinken kann nach Belieben hinzu gegeben werden.

Zubereitung:

- Alle Zutaten gut vermischen und zu einem festen Teig verarbeiten
- Teig ausrollen
- Kleine Stücke ausschneiden
- Auf ein Backblech legen

- Umluft-Ofen 170°C, circa 8-10 Minuten

Süßes

Kuchen und Süßgebäck ist natürlich ideal zum Mitnehmen für unterwegs. Noch dazu hält es sich recht lange, sodass es sogar auf Reisen praktisch ist.

Prinzipiell können Sie jeden Kuchen und jedes Muffin noch mit einem Sahne-Frischkäse-Topping verfeinern. ☺

GEBÄCK

LC-Baiser:

Zutaten:

3 Eiweiße
130 g Xucker (oder andere Süße – aber keinen flüssigen Süßstoff verwenden!))
1-2 TL Zimt
1/4 TL Backpulver

Geschmackszutaten sind abwandelbar nach Wahl (z.B. auch Schokolade, Erdbeer-Flavour-Drops usw.) oder mit Lebensmittelfarbe einfärben.

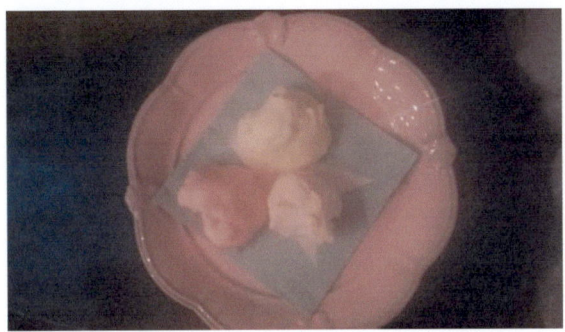

Zubereitung:

- Eiweiße sehr steif schlagen,
- Wenn das Eiweiß sehr fest ist, Backpulver und Zimt hinzu-
  fügen.
- Backofen auf 100°C (Heißluft) vorheizen
- Mit einem TL Eiweiß-Häufchen auf das mit Backpapier
  ausgelegte Backblech geben (oder mit Spritz-Tülle spritzen)
- Circa 1 Stunde bei 100°C trocknen lassen.

Eventuell noch mit Sirup beträufeln ☺

LC- Kekse

Grundrezept

Zutaten:

4 Eier
2 Päckchen weiche Butter
450 g Eiweißpulver mit Geschmack nach Wahl
450 g Mandelmehl
1 TL Natron
1 Prise Salz
Süßstoff oder Xucker nach Belieben

Zitronen-Kekse

Mehrere Spritzer Zitronensaft oder 1-2 Fläschchen Zitronen-Aroma

Chocolate Chip Cookies

100 g gehackte Mandeln
200 g sehr dunkle gehackte Zartbitterschokolade, oder Schoko-Drops/Xucker
Eventuell noch 1 TL Back-Kakao zumischen

Kokos-Kekse

70 g Kokosflocken
1-2 „Fläschchen Rum-Aroma"

<u>Zubereitung:</u>

- Eier sehr schaumig rühren
- Butter hinzufügen und nochmals cremig aufschlagen
- Dann alle weiteren Zutaten für den Grundteig hinzumischen
- Abschließend die Zutaten der entsprechenden Plätzchen hinzugeben
- Bei 180°C etwa 20 Minuten backen.

Verzieren nach Belieben

Zum Beispiel kann man aus Puder-**X**ucker, Wasser und farbiger Speisefarbe einen cremigen Guss herstellen und/oder mit LC-Schoko-Drops Muster verzieren, oder Kokosraspel/Splitter darüber streuen.

Kokos-Splitter

<u>Zutaten:</u>

2 Eiweiße
2 Eigelbe
80 g Kokosmehl
1 EL Flohsamenschalen
Ein paar Kokosflocken
Süße nach Belieben
Evtl. etwas zuckerfreien Sirup beifügen damit es etwas sämiger wird

<u>Zubereitung:</u>

- Eiweiße steif schlagen
- Vorsichtig die anderen Zutaten unterheben
- Auf ein mit Backpapier ausgelegtes Blech verteilen
- Umluft-Ofen 165°C
- Ca. 20 Minuten backen

Anschließend eventuell die eine Hälfte des Kekses in flüssige LC-Schokolade eintauchen

Erdnuss-Cookies

<u>Zutaten:</u>

3 Eier
50 g Butter
230 g Frischkäse
20 g Erdnussmus
100 g Mandelmehl
1 EL Kokosmehl
100 g Xucker (oder anderer Süßstoff, nach Bedarf)
1/2 Päckchen Backpulver
1/2 EL Guarkern-Mehl
1/2 EL gemahlene Bourbon Vanille (oder „Vanille-Aroma")
100 g gehackte LC-Schokolade oder LC-Schoko-Drops

<u>Zubereitung:</u>

- Eier cremig aufschlagen
- Frischkäse und Butter für 30 Sek. in der Mikrowelle anwärmen und danach mit dem Handmixer zu einer schönen Creme verrühren
- Erdnussmus und Xucker dazugeben und nochmals gut mixen
- Diese Masse in die Eiermasse geben
- Trockene Zutaten miteinander vermischen und in die Masse einarbeiten
- Die Schokolade unterheben und den fertigen Keks-Teig auf ein mit Backpapier ausgelegtes Backblech geben

- Umluft-Ofen 175 Grad
- Circa 6-10 Min backen

Brownies

1) Pur
2) Mit Cheesecake

Zutaten für 12 Stück (1 Brownie Form)

2 Eier, getrennt
150 g Xucker
60 g Butter
30 g Zartbitterschokolade
40 g Kakaopulver
Etwas Vanillearoma (oder Flavour-Drops)
1 TL Backpulver
60 g Mandelmehl
120 g gehackte Walnusskerne

Zubereitung:

Umluft-Ofen auf 170°C vorheizen.

- Eiweiße zu Eischnee schlagen

- In dieser Zeit die Schokolade zusammen mit der Butter in der Mikrowelle schmelzen (ca. 1 Minute)
- Kakaopulver unter die Schokomischung rühren
- Restliche Zutaten zu einer festen Masse verrühren
- Eischnee vorsichtig unterheben

- Teig in eine 20×20 Brownie-Form füllen
- Im heißen Ofen für ca. 20 Min. backen

Möchten Sie das **Topping (Cheesecake-Masse)** noch obenauf packen, dann stellen Sie den Brownie-Teig einfach nur zur Seite und füllen Sie anschließend noch die Cheesecake-Masse obendrauf - und ab in den Ofen!

Cheesecake-Masse:

1 Ei
1 Packung Frischkäse
100 ml Sahne
Vanille-Extrakt
Süße nach Belieben

Zubereitung:

- Das Ei aufschlagen
- Alle Zutaten nacheinander beimischen und zu einer cremigen Masse verrühren
- Diese dann vorsichtig auf der Brownie-Masse verteilen.

- Bei 175 Grad 20-25 Min backen

Himbeer-Baiser

<u>Zutaten:</u>

2 Eiweiß
50 g Puder-Xucker
1 Packung Himbeer-Götterspeise-Pulver
1 Prise Salz

<u>Zubereitung:</u>

Den Backofen auf 70°C Heißluft vorheizen
Ein Backblech mit Backpapier auslegen

Das Eiweiß mit dem Salz sehr steif schlagen
Das Götterspeise-Pulver mit dem Puder-Xucker vermischen und unterheben
So lange aufschlagen, bis alles eine steife rosa Masse ist

Nun die Baiser-Masse entweder mit einer Spritztülle oder mit Teelöffeln auf das Backpapier spritzen/setzen

Baisers werden grundsätzlich nicht „gebacken", sondern „getrocknet" – deshalb nun das Backblech für gut 2 Stunden in den Ofen schieben und gut und langsam auskühlen lassen.

(Dies ist natürlich wieder abwandelbar mit einem geschmacklichen anderen Götterspeise-Pulver).

KUCHEN

SO kann eine Low-Carb Kaffee-Tafel aussehen ☺

Karotten-Kuchen

<u>Zutaten:</u>

6 Eier
400 gr Xucker
250 gr geriebene Karotten
300 gr gemahlene Mandeln
50 gr Kokos oder Mandel-Mehl
2 EL Flohsamenschalen
1 Päckchen Backpulver
1 Zitrone oder Aroma
1 Aroma Bittermandel

Zubereitung:

Karotten reiben
- Eier sehr schaumig rühren
- Xucker einrieseln lassen
- Die anderen Zutaten nach und nach hinzufügen
- Zum Schluss die geriebenen Karotten hineinmischen
- Springform (26 cm Durchmesser)
- Umluft-Ofen 165°C
- Circa 40-50 Minuten

WICHTIG: Kuchen schmeckt besser, wenn er circa 2 Tage alt ist - also ideal zum Vorbereiten für eine Kaffee-Tafel! ☺

Einfacher Tortenboden

Zutaten:

2 Eier, getrennt
2 EL flüssiger Süßstoff oder Xucker
100 g gemahlene Mandeln
1 Päckchen Backpulver

Zubereitung:

- Eier trennen
- Eiweiße steif schlagen
- Eigelbe mit Mandeln, Süßstoff und Backpulver vermischen
- Eiweiße unterheben
- Teig in Kuchenform geben
- Umluft-Ofen 175°
- 25 Minuten

BUTTER KUCHEN

Zutaten:

TEIG:
4 Eier
1 Tasse Sahne
1 Tasse Xucker
2 Tassen Mandelmehl
1 Päckchen Backpulver
Aromen nach Wahl
Etwas Mandelmilch, falls der Teig zu fest ist

BELAG:
200 g Mandelplättchen
125 g Butter ,
4 EL Milch
1 Tasse Xucker

<u>Zubereitung:</u>

Teig:
- Eier schaumig aufschlagen
- Dann alle weiteren Zutaten gut vermischen
- Den cremigen Teig auf ein mit Backpapier ausgelegtes Backblech streichen
- Bei 180 circa 10 Minuten backen

Belag:
- In der Zwischenzeit Xucker, Butter und Mandelmilch in einem Topf erhitzen und unter Rühren so lange aufkochen, bis sich der Xucker aufgelöst hat
- Nun die Mandelblättchen einrühren
- Gleich wieder von der Kochstelle nehmen und abkühlen lassen

- Dann diese Masse vorsichtig auf den Teig streichen und nochmals 12-15 Minuten backen.

Kokos-Schoko-Kuchen

Zutaten:

5 Eier
2 Tassen Xucker
1 Tasse Öl
3/4 Tasse Kakao
1,5 Tassen Kokosflocken
1,5 Tassen gemahlene Mandeln oder Haselnüsse
2 Tassen Mandelmehl
1 P. Backpulver
Ganz zum Schluss: 1 Tasse Sprudel

Zubereitung:

- Eier sehr cremig aufschlagen
- Xucker und Öl hinzu und nochmals verquirlen
- Dann nacheinander alle Zutaten hinzufügen und verquirlen

- Bei 170°C auf mittlerer Schiene
- Ca. 65 Min. backen

PFANNKUCHEN süß

<u>Zutaten:</u>

5 Eiweiß
2 Eigelb
2 EL Xucker
80 g Frischkäse
50 g gemahlene Mandeln
100 ml Mandelmilch
Kokosöl zum Ausbacken

<u>Zubereitung:</u>

- Eiweiße steif schlagen

- Alle anderen Zutaten gut verrühren
- Geschlagenes Eiweiß unterheben

- In einer Pfanne daraus dünne Pfannkuchen backen.

Eventuell mit Sirup beträufeln, mit Obst und Schlagsahne oder Joghurt anrichten.

Kokos-Kuchen

<u>Zutaten:</u>

4 Eiweiße
60 g Puder-Xucker
25 g Xucker (oder Stevia)
180 g Frischkäse
165 g Kokosraspeln
30 g Eiweiß-Pulver mit Geschmack (z.B. Toffee, Kokos, Vanille)
90 g Xucker-Schoko-Drops
Nach Belieben 1/2 bis 1 Fläschchen Rum-Aroma

<u>Zubereitung:</u>

- Eiweiße sehr steif rühren
- Puder-Xucker einrieseln lassen

  Getrennt davon:
- Frischkäse, Kokosraspeln, Eiweißpulver und Rum-Aroma verrühren
- Schoko-Drops unterheben
- Eiweiß-Xucker-Gemisch vorsichtig unterheben

- In eine kleine Springform (18 cm Durchmesser) füllen
- Umluft-Ofen 175 Grad
- Circa 40 Min backen

Süßes Schokoladen-Brot

Zutaten:

3 Eier
6 EL Xucker
1 Becher Sahne
55 g Kokosmehl
55 g Mandelmehl
1 Päckchen Backpulver
55 g Eiweißpulver mit Geschmack nach Wahl
60 g LC-Schoko-Drops
90 ml Mandelmilch

Zubereitung:

- Eier und Xucker schaumig schlagen
- Sahne und Mandelmilch hinzufügen

- Die trockenen Zutaten (bis auf Schoko-Drops) mischen und hinzufügen
- Schoko-Drops zum Schluss unterheben

- In eine Kastenform füllen

- Umluft-Ofen 180°C
- Circa 30-45 Minuten backen

Das Schoko-Brot kann man als „Kuchen" einfach so essen oder mit LC-Marmelade, Erdnussbutter usw. bestreichen.

Zupfkuchen

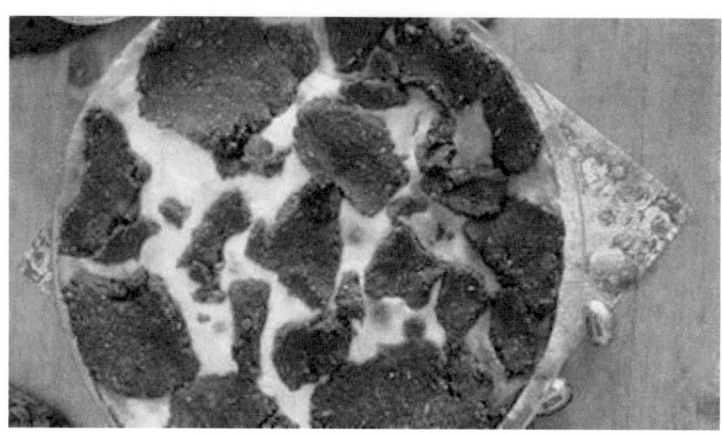

Zutaten Teig:

1 Ei
125 g weiche Butter
125 g Xucker
200 g Kokosmehl
1 Päckchen Backpulver
25 g Back-Kakaopulver

Zutaten für die Füllung:

2 Eier
125 g Butter
125 g Xucker
500 g Schichtkäse oder Magerquark
1/2 Packung Puddingpulver, Vanillegeschmack

Zubereitung

Teig:

- Ei und Butter schaumig rühren
- Nach und nach Xucker, Mehl mit Backpulver und Kakao gemischt unterrühren
- Mit etwas mehr als der Hälfte des Teiges den Boden einer Springform auslegen

Füllung:

- Eier und Butter schaumig rühren. Xucker einrieseln lassen
- Quark einrühren
- Zum Schluss das Vanillepuddingpulver unterrühren

- Die Masse auf den Schokoboden streichen, den restlichen Teig auf die Füllung "zupfen" (sollen schöne große Schokoflecken sein)

- Umluft-Ofen 175°C, circa 60-70 Minuten backen.

Sahne-Frischkäse-Himbeer-Torte

Zutaten:

Boden:
4 Eier, getrennt
Einen Schuss Mandelmilch
2 EL Xucker
3 EL Eiweißpulver mit Geschmack
1 Päckchen Backpulver

Creme:

3 Becher Sahne
2 Päckchen Sahnesteif
150 g Xucker
1 Packung Frischkäse
1 Päckchen Götterspeise Himbeere
Etwas Zitronensaft

Zubereitung:

Boden:
- Eier trennen
- Eiweiße steif schlagen
- In einer anderen Schüssel die anderen Zutaten verrühren
- Eiweiße unterheben

- Die Masse vorsichtig in eine Springform streichen

- Umluft-Ofen 180°C
- Ca. 10-15 Minuten backen

Zubereitung Creme:

- Das Götterspeise-Pulver in einer zu dreiviertel mit heißem Wasser gefüllten Tasse auflösen und immer wieder gut umrühren

- Sahne mit Sahnesteif steif schlagen

- Frischkäse mit Xucker verrühren

- Das abgekühlte Götterspeise-Wasser nochmals gut umrühren und unter die Frischkäse-Mischung **zügig** verrühren
- Zitronensaft hinzufügen
- Sahne unterheben
- Alles gut vermischen und sofort auf den abgekühlten Tortenboden (mit Tortenring) füllen
- Im Kühlschrank ein paar Stunden fest werden lassen

Zum Garnieren Himbeeren oder auch Erdbeeren verwenden. Die Creme kann ebenso mit Früchten vermischt werden.

Biskuit-Rolle

Zutaten:

Boden:
4 Eier
Einen Schuss Mandelmilch
2 EL Xucker
3 EL Eiweißpulver mit Geschmack
1 Päckchen Backpulver

Füllung:

2 Becher Schlagsahne
1 Päckchen Sahnesteif
1-2 EL Xucker
200 g Himbeeren (geht natürlich auch mit jedem anderen Obst)

Zubereitung:

Boden:
- Eier trennen
- Eiweiße steif schlagen
- In einer anderen Schüssel die anderen Zutaten verrühren
- Eiweiße unterheben

- Die Masse vorsichtig auf ein mit Backpapier ausgelegtes Backblech streichen

- Umluft-Ofen 180°C
- Ca. 10-15 Minuten backen

Füllung:
- Schlagsahne mit Sahnesteif und Xucker steif schlagen
- Auf den abgekühlten Boden streichen
- Himbeeren darüber streuen
- Nun den Teig einrollen
- Kühl stellen
- Vor dem Servieren mit Puder-Xucker und Himbeeren garnieren

Himbeer- Pawlova / groß+klein

Zutaten:

Eiweißmasse:
4 Eiweiße
1 Prise Salz
200 g Xucker
Vanille-Aroma
1 gehäufter TL Guarkernmehl

Belag:
500 g Obst (z.B. Himbeeren, Blaubeeren)
4 Becher Schlagsahne
2 EL Puder-Xucker

Abgewandelt für Mini-Pawlovas die Zutaten halbieren.

Zubereitung:

- Eiweiße mit einer Prise Salz sehr steif schlagen
- Xucker einrieseln lassen und weiter verrühren
- Guarkernmehl und Vanille-Aroma hinzufügen

Große Pawlova:
- Aus der Eiweißmasse 2 große Kreise auf ein Backblech verteilen/geben

Kleine Pawlovas:
- Aus der Eiweißmasse mehrere kleine Kreise auf das Backblech setzen

- Umluft-Ofen: etwa 100°C
- Backzeit: circa 100 Minuten

Auf die abgekühlten Eiweißböden die Schlagsahne und die Himbeeren geben.
Bei der großen Pawlova wird dann noch der zweite Boden auf die Sahne-Obst-Füllung gegeben und gegebenenfalls mit Sahne dekoriert.

MIKROWELLEN-Gebackenes – GANZ SCHNELLES

Süßes:

Tassen-Kuchen /Choclat-Chips

Zutaten:

1 Eigelb
20 g Öl
25 g Mandelmehl
1 TL Backpulver
Süße nach Belieben
1 EL Schoko-Drops oder geriebene dunkle (mind. 85%) Schokolade

Zubereitung:

- Alle Zutaten mischen
- In eine Tasse oder in ein Schälchen füllen
- Ab in die Mikrowelle
- Circa 1-4 Minuten „backen"

Wichtig zu beachten ist beim Backen in der Mikrowelle, dass man eher auf Etappen backt und zwischendurch den Kuchen kontrolliert, denn er wir schnell zu hart!

Zutaten:

1 Ei
200 g Quark
1 EL Kokosmehl
½ TL Backpulver
Evtl. noch Geschmackszutaten, wie Zitrone oder Bittermandel

<u>Zubereitung:</u>

- Ei und Zucker schaumig rühren
- Quark dazu rühren
- Mehl und Backpulver vermischen und unter die Masse rühren. Dann noch die Geschmackszutaten dazugeben und abschmecken.

- Die Masse in eine etwas größere Müslischale geben
- Ca. 4 - 5 Minuten bei 600 Watt in der Mikrowelle "backen".

Der Kuchen geht beim Backen etwas auf, fällt aber wieder zusammen, wenn man ihn herausnimmt. Er bekommt natürlich keine gebräunte Oberfläche, schmeckt aber ganz lecker und saftig.
Man kann ihn nach kurzem Abkühlen auf einen Teller stürzen.

Sehr gut geeignet zum Mitnehmen, wenn er in Stücke geschnitten ist oder aber auch in einem Plastikbehälter, eventuell noch zusammen mit Himbeeren als Zwischenmahlzeit oder Nachtisch.

Mandelkuchen

Zutaten:

4 Eier
6 TL flüssiger Süßstoff oder Xucker
1 Packung Hüttenkäse
3 EL Öl
1 EL Zitronensaft
6 EL Back-Kakao
2 TL Backpulver
200 g gemahlene Mandeln
½ Fläschchen Bittermandel-Aroma

Zubereitung:

- Eier schaumig rühren
- Öl und Süße hinzugeben
- Die restlichen Zutaten vermengen und untermischen

- Bei 600 Watt, ca. 6-7 Minuten

In der Weihnachtszeit kann man diesen Kuchen wunderbar mit Zimt und/oder Lebkuchen/Spekulatius-Gewürz abwandeln.

Apfelküchlein

<u>Zutaten:</u>

1 Ei
100 g Joghurt
35 g Eiweißpulver
15 g gemahlene Mandeln
1 Apfel
Süße nach Wahl und Belieben
Zimt und Vanille

Zubereitung:

- Ei mit Eiweißpulver und Joghurt gut verquirlen
- Mandeln untermischen
- Apfel schälen und in kleine Stücke schneiden und hinzufügen
- Süßen und abschmecken

- In eine Müslischale füllen
- Mikrowelle: 600 Watt, 4-5 Minuten

Brownies

Zutaten:

1 Ei
1 EL Öl
70 ml Mandelmilch
60 g Eiweißpulver mit Geschmack
1-2 EL Xucker

Zubereitung:

-   Alles vermischen
-   In eine Mikrowellen-Form füllen

-   600 Watt
-   3 Minuten

HERZHAFTES:

Leinsamen-Knäckebrot

Ein Snack für zwischendurch! Wahlweise süß oder herzhaft

Grund-Zutaten:

4 EL gemahlener, geschroteter Leinsamen
4 EL Wasser

Für herzhaftes Knäckebrot:

Zutaten:

1 TL Salz
Und je nach Geschmack und Belieben:
(Geriebener) Käse
Kürbis- oder Sonnenblumenkerne
Kräuter
Sesam

Für süßes Knäckebrot:

Süßstoff
Zimt
Kakao-Pulver
Und was man sonst noch dabei haben möchte.

Zubereitung:

- Alle Zutaten vermischen, so dass eine gleichmäßige Masse daraus wird
- Masse nun auf ein Backpapier geben
- Den Teig platt drücken und auf dem Backpapier in die Mikrowelle geben
- Je nach Teigdicke und Zutaten dauert es etwa 2 bis 5 Minuten

DESSERTS

In Plastikbehältern gut zu transportieren und mitzunehmen – Löffel nicht vergessen! ☺

Außerdem bin ich ein absoluter „Süß-Fan" und möchte ein paar schnelle und einfache Gerichte hier einfach nicht vorenthalten. ☺

Schmand-Creme

Zutaten:

4 Becher Schmand
4 EL Zitronensaft
200 g Xucker
8 Blatt Gelatine oder entsprechende Menge Gelatine Fix
500 ml Schlagsahne
2 EL Xucker
500 g Tiefkühl-Himbeeren

Zubereitung:

- Himbeeren auftauen lassen
- Schmand, Zitronensaft und Xucker verrühren
- Die Gelatine auflösen und in die Creme einrühren
- Alles für 15 Minuten in den Kühlschrank stellen
- Bei der Verwendung von Gelatine-Fix wird dieses einfach mit dem Handrührgerät in die Creme eingerührt - das Kaltstellen ist dann nicht notwendig

- Die Schlagsahne mit 2 TL Xucker steifschlagen und unter die Creme heben
- Nun die Creme mindestens 1 Stunde im Kühlschrank festwerden lassen
- Die Himbeeren mit 2 EL Xucker pürieren und kühlstellen

- Die Himbeeren erst kurz vor dem Servieren über die Creme gießen

Himbeer-Joghurt-Creme

Zutaten:

200 g Joghurt
2 EL Himbeeren
20 g Eiweißpulver mit Geschmack
LC-Süße nach Belieben
Nach Belieben noch LC-Schoko-Drops und Chia-Samen und ein
Sahnehäubchen dazu fügen.

Zubereitung:

- Joghurt und Himbeeren mit dem Stabmixer pürieren, Süße
  und Eiweißpulver hinzufügen und gegebenenfalls noch Scho-
  kodrops und Chia-Samen dazu mischen.
- Mit einem Sahnehäubchen verzieren.

Mit mehr Saft/Wasser verdünnt oder auch leicht abgewandelt ist dies
ebenso als „Smoothie" zu verarbeiten.

Jogurt mit Obst

Zutaten:

Naturjogurt nach Belieben
Frisches Obst (z.B. Himbeeren oder tiefgefrorene Himbeeren auf-
tauen)
Süße nach Wahl

Zubereitung:

-    Alle Zutaten mischen - fertig! ☺

Man kann noch einen EL Chia-Samen darüber streuen.

Schoko-Frischkäse-Mousse

Zutaten:

1 Becher Sahne
1 Päckchen Sahnesteif
1 Packung Frischkäse
1 Tafel LC-Schokolade
Nach Belieben etwas Xucker

Zubereitung:

- Schokolade in der Mikrowelle ca. 1 Min. flüssig werden lassen
- Sahne mit Sahnesteif steif schlagen
- Frischkäse mit Xucker verrühren
- Flüssige Schokolade unterrühren
- Sahne unterheben

Im Kühlschrank abkühlen und fest werden lassen. (Evtl. vorher in Dessertschälchen füllen).

WAFFELN

Zutaten:

4 Eier
65 g sehr weiche Butter
100 g Quark
6 EL Eiweißpulver mit Geschmack
2 EL Öl
4 TL Xucker
Nach Belieben Zimt oder andere Zutaten hinzufügen

Zubereitung:

- Eier schaumig schlagen
- Butter, Xucker, Quark und Öl hinzufügen und verrühren
- Zum Schluss das Eiweißpulver zugeben und vermischen.

- Den Teig im Waffeleisen ausbacken

Dazu schmeckt (LC-) Obst, Joghurt oder Sahne, sowie LC-Sirup.

Kokos-Zitronen-Creme

Zutaten:

1 Dose Kokosmilch
Saft von 2 Zitronen
2-3 EL Süße nach Wahl
Gelatine: entweder 5 Blatt oder entsprechende Menge an Gelatine-
Pulver
Vanille

Zubereitung:

- Kokosmilch im Topf erwärmen
- Zitronensaft und Süße darin auflösen
- Gelatine-Pulver hinzufügen
- Mit Vanille abschmecken
- Kalt stellen und fest werden lassen und mit Löffeln abste-
  chen, oder bereits in Gläser füllen und diese kalt stellen.

Schnelle Rezepte:

<u>*Tomaten-Mozzarella mit Weichkäse*</u>

<u>Zutaten:</u>
(gerne auch jeweils mehr von den entsprechenden Zutaten)

1 Mozzarella
1-2 EL Oliven-Öl
Guter Schuss roter Balsamico
Süßstoff
Versch. Kräuter (ich nehme die Salatkrönung: "italienische Kräuter) - 1 Packung
(evtl. noch 1 TL Senf)
Basilikum frisch
Franz. Weichkäse nach Belieben

Zubereitung:

- Tomaten waschen und in Scheiben schneiden
- Mozzarella halbieren und in Scheiben schneiden
- Wechselweise anrichten (oder als Salat würfeln)
- Sauce: Oliven-Öl, Balsamico, Kräuter und Süßstoff mischen, evtl. noch etwas Wasser hinzu: fertig, über die Tomaten gießen, mit Basilikum garnieren, Weichkäse dazu legen.
- Ich habe noch ein paar Oliven oben drauf gepackt.

Schneller Flammkuchen

Zutaten:

2 Eier
100 g geriebener Käse
125 g Quark
BELAG nach Wahl (nach dem backen mit Frischkäse bestreichen und beliebig belegen)

Zubereitung:

- Alle Zutaten mischen
- Auf ein Backblech streichen

- Umluft-Ofen 160°C, 20 Minuten

- Je nach Belag noch einmal für 5 Minuten in den Ofen.

Flotter Pizza-Käse-Boden

<u>Zutaten:</u>
2 Eier
200 g geriebener Käse
100 g Quark
Gewürze nach Wahl

BELAG: Tomatensoße und nach Wahl

<u>Zubereitung:</u>

- Alle Boden-Zutaten mischen und auf einem Back-blech verteilen

- Umluft-Ofen vorheizen, 180°C, circa 20 Minuten

- Dann belegen und nochmals ca. 10 Minuten backen

Gefüllte Avocado

Zutaten:

1 Avocado (reif)
1 hart gekochtes Ei
½ Dose Thunfisch
1 kleine Zwiebel
1 kleine Tomate
Etwas Zitronensaft
Etwas Olivenöl
Gehackte Kräuter
Salz/Pfeffer

Zubereitung:

- Avocado halbieren, Kern entfernen
- Aus jeder Hälfte etwas Fruchtfleisch entnehmen
- Zwiebel, Ei und Tomate sehr klein würfeln und mit Zitronensaft abschmecken
- Alles zusammen mit dem Thunfisch in einer Schüssel vermengen
- Mit Öl und Gewürzen abschmecken
- Evtl. etwas Remoulade unterrühren
- Die Mischung jeweils in die Hälften der Avocado geben

IDEEN und ANREGUNGEN

Hier noch ein paar Fotos, die als Inspiration dienen sollen: mit den Basis-Rezepten aus diesem Buch kann man abgewandelt noch viele andere Dinge zaubern.

Gemüse-Auflauf mit Käse überbacken:

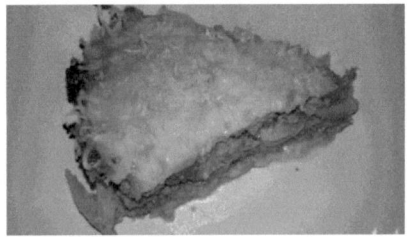

Belegtes Brötchen mit Salat, Ei, Mayonnaise, Käse/Wurst:

Steak/Hühnchen/Frikadellen und Salat:

Rührei / Kaiserschmarren:

Käseplatte (bitte ohne Trauben – diese sind nicht LC; aber beispielsweise mit Oliven)

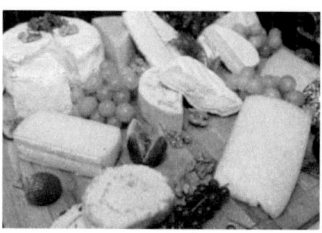

Kleine Ideen:

LC-Nudeln vom Vortag auf einem Teller anrichten, mit Käse bestreuen und ab in die Mikrowelle zum Überbacken. Man kann auch noch Tomaten und Zwiebeln beilegen.

HALLO MS

"MS: 2 Buchstaben, die eine vermeintlich geordnete Welt von heute auf morgen auf den Kopf stellen". So beschreibt Heike Führ den Tag ihrer Diagnosestellung. Wie sie ihren Alltag mit einer solch tückischen und bis lang noch unheilbaren Krankheit meistert, beschreibt sie vor allem mit viel Humor und reflektiert in einer gelungenen Mischung aus Problematisierung und Relativierung. Nie werden die Herausforderungen der Krankheit geleugnet und doch triumphiert immer ihr optimistischer Kampfgeist und zeigt eindrucksvoll und selbstkritisch ihren eigenen Weg der Lebensfreude. Die Autorin weigert sich zu resignieren und erzählt ihre kleinen Alltagsfreuden, gespickt mit den Unwägbarkeiten, die durch ihre MS-Symptome unweigerlich dabei sind. "Hallo MS": nicht mehr, nicht weniger. Ein Buch, das Mut macht und Hoffnung weckt, das Anteilnahme authentisch vermittelt, Hilfestellung für den Alltag gibt und sowohl Betroffenen, als auch Angehörigen einen Einblick in die emotionale Verfassung eines chronisch kranken Menschen bietet, Ängste und Sorgen aufzeigt, aber dabei immer nach vorne schaut und niemals vor Selbstmitleid trieft. Kurzweilig und sehr alltagsnah - somit für Jedermann interessant.

242 Seiten, ISBN: 978-3-945015-07-0

19,90 Euro

Weitere Bücher der Autorin auf www.multiple-arts.com